MEIN LIEBLINGSGERICHT

# Desserts

Margarethe Bacher

BASSERMANN

# DAS BELEBENDE WUNDER „NACH TISCH“

Es kommt nicht von ungefähr, daß zu jedem richtigen Menüvorschlag ein passendes Dessert gehört, daß jeder wahre Meister am Herd auch den Nachspeisen besondere Aufmerksamkeit schenkt… und jeder Restaurantkritiker übrigens auch. Und warum sollte das, was für Profis gilt, nicht genauso für die häusliche Tafel Bedeutung haben, besonders wenn Gäste zu Besuch sind? Sollte man jedenfalls meinen. Doch wie oft konzentrieren sich die Gastgeber auf das Hauptgericht, und der süße letzte Gang kommt darob zu kurz. Das ist schade, denn das Ende des Mahls ist ein günstiger Moment, Können und Freude am Kochen wirkungsvoll zu präsentieren! Desserts werden – mehr noch als andere Gerichte – fürs Auge serviert, ernten allenthalben und stets viel Beifall und erwecken wohlig-müde Gäste wieder zum Leben. Doch wenngleich das Dessert zu einem Menü gehört wie der Punkt auf dem i, so hindert Sie niemand, eine solche Leckerei auch mal zur Cocktailstunde zu reichen oder an warmen Sommertagen als Erfrischung zwischendurch. Höchst willkommen sind die süßen oder pikanten Verführungen jederzeit.

# Inhalt

# DESSERTWÜNSCHE KANN MAN WECKEN!

Dieses Buch will nicht nur die Zubereitung köstlicher Nachspeisen zeigen, sondern vor allem Dessertwünsche wecken. Für jeden Geschmack und für jede Gelegenheit gibt es eine Vielzahl verlockender Rezepte: die Soufflés und die Parfaits, die auch zum Kaffee oder zur Teestunde gereicht werden können; Stiltoncreme und Krautstrudel, die zu einem Drink passen; und klassische Desserts, die den Abschluß eines Menüs bilden, wie Schokoladenmousse oder Blutorangenzabaione.

# Aller Anfang ist gar nicht so schwer

In diesem kleinen Dessertbuch haben wir abwechslungsreiche Rezepte zusammengestellt, aus denen Sie sich das für Sie geeignete heraussuchen können.
Es gibt Rezepte, deren Zubereitung ganz einfach ist, und solche, die etwas mehr Können verlangen; einige sind im Handumdrehen fertig, andere werden besser „von langer Hand" vorbereitet; es gibt diejenigen, die auch eifrigen Kalorienzählern keine Probleme bereiten, und jene, bei denen man über solche profanen Kleinigkeiten besser hinwegsieht.
Die Rezepte sind in allen Fällen gleichermaßen verständlich geschrieben und problemlos nachzuvollziehen. Die Grundrezepte auf Seite 10–13 können Sie übrigens im Geschmack beliebig variieren. Die Vanille ist leicht durch andere Aromazutaten zu ersetzen (Kakao, Zimt etc.) oder aber zu ergänzen (z. B. durch gemahlene Nüsse, kleingehackte Früchte oder ähnliches).
Das Geheimnis eines guten Gelingens allerdings ist heute noch das gleiche wie in früheren Tagen, als die Hausfrau Stunde um Stunde in der Küche zubrachte, um ein repräsentatives und wohlschmeckendes Menü vorzubereiten. Sie benötigen die richtigen Geräte, Zutaten von bester Qualität, einen guten Ofen, eine Prise Talent und vor allen Dingen etwas Geduld, um nach einem eventuellen Mißlingen im zweiten Anlauf – mit etwas Übung – die Vollendung zu erreichen, denn für die Dessertküche gilt in ganz besonderem Maße das, was eigentlich für die gesamte Kochkunst Bedeutung hat: Übung macht den Meister. An Geräten und Material benötigen Sie während der Zubereitung folgendes:
Frischhaltefolie. Sie legen damit Parfaitformen aus, bevor die Parfaitmasse hineingegeben wird (die Form vorher anfeuchten!); das Parfait kann dann nach der Gefrierzeit leichter gestürzt oder an der Folie herausgehoben werden. Danach in gleich dicke Scheiben schneiden.

Haarsieb. Es ist unentbehrlich, um feinste Rückstände aus Fruchtmark, Rührmassen oder Saucen herauszufiltern.
Handrührgerät. Ein elektrisches Handrührgerät ist in jedem Fall einer Küchenmaschine vorzuziehen, da sie es besser „in der Hand haben", welche Konsistenz die Rührmasse bekommt.
Kochlöffel. Sie verwenden am besten Kochlöffel aus Holz, da sie strapazierfähiger sind als die aus Plastik.
Küchenwaage. Praktisch sind Küchenwaagen, bei denen Sie die Zutaten in der Schüssel wiegen können.
Mixer. Dieses Gerät ist bei der Herstellung von Fruchtmark eine große Hilfe.
Obstmesser. Bevor Sie sich bei der Obstzubereitung mit einem stumpfen Küchenmesser herumplagen, sollten Sie sich ein scharfes Obstmesser zulegen.
Pinsel. Er dient zum Ausbuttern von Förmchen und sollte Naturborsten haben.

Schneebesen. Er ist unter anderem ein sehr wichtiges Gerät beim Schlagen von Eiweiß. Da es bei einigen Desserts (z. B. Soufflés) auf die richtige und exakte Konsistenz des Eischnees ankommt, ist er dabei dem Handrührgerät vorzuziehen.
Schüsseln. Am besten sind Metallschüsseln, da sie weder Geschmack annehmen noch abgeben und sehr gute Wärmeleiter sind, was beim Aufschlagen im heißen Wasserbad und beim Abkühlen auf Eis sehr zeitsparend ist. Die Schüsseln sollten Schlagkesselform haben, d.h. einen bauchigen Boden, damit keine Zutatenreste im unteren Rand haften bleiben können.
Souffléförmchen. Sie haben einen hohen, geraden Rand. Es gibt sie aus unterschiedlichem Material.
Spritzbeutel. Sie benötigen einen großen Spritzbeutel mit Sterntülle, um z. B. Cremes auf einen Teller zu spritzen. Ein kleiner Spritzbeutel mit Rundtülle Nr. 00 ist erforderlich, um flüssige Schokolade für feinere Garnituren aufzubringen.
Teigschaber. Er sollte aus Gummi und damit flexibel sein; nur so bekommen Sie noch die letzten Reste aus der Schüssel.
Wasserbadtopf. Am besten nehmen Sie einen einfachen Edelstahltopf, in den Sie die entsprechende Metallschüssel hineinsetzen.

# FRUCHTMARK, SAUCEN & CO.

Hier nun einige Rezepte, die in den späteren Rezepturen und auch bei den auf Seite 14/15 gezeigten Tellerdekorationen immer wieder zur Anwendung kommen.
Wichtige Grundlage vieler Desserts ist der sogenannte Läuterzucker, ein Zuckersirup, den Sie leicht selbst herstellen können. Er wird häufig zur Herstellung von Eis und Sorbets verwendet, da sich sein Aroma schnell und intensiv mit dem anderer Zutaten verbindet. Auch Fruchtpürees und Fruchtsaucen werden mit Läuterzucker hergestellt.
Sollen sie als Tellerdekoration verwendet werden, müßten Sie vor dem Anrichten die Konsistenz prüfen. Sie dürfen nicht zu dünnflüssig sein. Von den jeweils verwendeten Früchten stets eine Handvoll beiseite legen; sie können später – einfach, aber wirkungsvoll – als Verzierung dienen.

## LÄUTERZUCKER

***Für ca. 1 1/2 l***
*Zubereitungszeit: ca. 5 Min.*
*ca. 4000 kcal/16 720 kJ*

*1 l Wasser*
*1 kg Zucker*

**1.** Wasser und Zucker in einen Topf geben und aufkochen. Etwa 5 Minuten kochen lassen, dabei immer wieder vorsichtig mit einem Pinsel die Zuckerkristalle lösen, die sich zum Teil an der Topfwand absetzen.
**2.** Den Läuterzucker in Flaschen abfüllen, diese verschließen. Im Kühlschrank hält sich der Sirup dann 6–8 Wochen.

### Variation

Wenn Sie 3 Vanillestangen mitkochen, erhalten Sie einen sehr schmackhaften Vanilleläuterzucker.

## FRUCHTMARK

***Für 6 Portionen***
*Zubereitungszeit: ca. 20 Min.*
*ca. 75 kcal/305 kJ*

*250 g Früchte nach Wahl (Himbeeren, Preiselbeeren, Kiwis, Erdbeeren, Birnen etc.)*
*1/8 l Läuterzucker*
*1–2 Blatt Gelatine*

**1.** Die vollreifen Früchte (stets einige für die Garnitur beiseite legen) mit dem Läuterzucker in einen Mixer geben und pürieren, dann durch ein Sieb in eine Schüssel streichen.
**2.** Die Gelatine in etwas kaltem Wasser einweichen. 4 Eßlöffel Fruchtmark in einem Topf erhitzen, die Gelatine darin auflösen und unter das übrige Fruchtmark rühren.

### Variation

Statt in erhitztem Fruchtmark können Sie die Gelatine auch in erwärmten Obstbränden, Weinen oder Fruchtlikören auflösen. Ohne die Gelatine entsteht eine schmackhafte Fruchtsauce.

# Vanillesauce

***Für 6 Portionen***
*Zubereitungszeit: ca. 30 Min.*
*ca. 160 kcal/675 kJ*

| |
|---|
| *1 Vanillestange* |
| *10 cl Milch* |
| *10 cl Sahne* |
| *4 Eigelb* |
| *60 g Zucker* |
| *2 EL süße Sahne, geschlagen* |

**1.** Die Vanillestange der Länge nach durchschneiden, ausschaben. Das schwarze Mark mit Milch und Sahne aufkochen.
**2.** Eigelbe und Zucker mit dem Schneebesen cremig rühren. Die Vanillemilch abseihen, langsam zur Eigelbmasse gießen und bis zur Rose abziehen, d. h. so lange unter Rühren erhitzen, bis eine cremige Bindung der Sauce entstanden ist (siehe auch S. 48). Flockt das Eigelb aus, den Topf in Eiswasser stellen und mit dem Schneebesen sehr schnell durchschlagen.
**3.** Die Sauce kalt stellen, vor dem Servieren die Sahne unterziehen.

# Birnensauce

***Für 6 Portionen***
*Zubereitungszeit: ca. 20 Min.*
*ca. 105 kcal/430 kJ*

| |
|---|
| *300 g Birnen* |
| *Saft einer Zitrone* |
| *20 cl Weißwein* |
| *10 cl Läuterzucker* |
| *2 cl Birnenlikör* |

**1.** Die Birnen schälen, vierteln und das Gehäuse entfernen. Mit dem Zitronensaft beträufeln.
**2.** Den Weißwein mit dem Läuterzucker aufkochen, die Birnen dazugeben und pochieren. Alles zusammen im Mixer pürieren und durch ein feines Sieb in eine Schüssel streichen.

# Schokoladensauce

***Für 6 Portionen***
*Zubereitungszeit: ca. 25 Min.*
*ca. 305 kcal/1285 kJ*

| |
|---|
| *1/8 l Läuterzucker* |
| *30 g Kakao* |
| *1/4 l Milch* |
| *120 g Blockschokolade* |
| *4 cl Kaffeelikör* |
| *40 g Butter* |

**1.** Den Läuterzucker mit dem Kakao und der Milch aufkochen, die zerkleinerte Blockschokolade dazugeben und unter ständigem Rühren nochmals kurz aufkochen.
**2.** Den Kaffeelikör dazugeben, die Sauce vom Feuer nehmen. Ist die Sauce sehr dickflüssig, noch etwas Milch unterrühren. Dann die Butter einrühren. Die Sauce nicht mehr kochen lassen. Kalt stellen.

# SOUFFLÉ-ZUBEREITUNG

Unbestrittene Königin der Desserts ist das Soufflé. Aus dem Französischen übersetzt, bedeutet der Begriff eigentlich nichts anderes als Auflauf, womit man aber der besonders leichten und duftigen Konsistenz des Soufflés nicht gerecht würde. Bleiben wir also bei der Bezeichnung „Soufflé" für die federleichten Eischneekreationen und reservieren das Wort „Auflauf" für die etwas festeren Köstlichkeiten aus dem Backofen.

Dem Soufflé geht der Ruf einer Primadonna voraus: exquisit, aber schwierig soll es sein. Beachtet man jedoch einige Grundregeln, die hier am Beispiel eines klassischen, mit Mehl zubereiteten Soufflés demonstriert werden, so kann eigentlich nicht viel schiefgehen. In neuerer Zeit werden Soufflés mehr und mehr ohne Mehl angefertigt. Im Rezeptteil dieses Buches finden Sie Rezepte zu beiden Versionen.

Wichtigster Bestandteil eines Soufflés ist der Eischnee, der es – unter eine aromatisierte Grundmasse gehoben – nach oben steigen läßt. Er sollte mit dem Schneebesen geschlagen werden, da seine Konsistenz so besser kontrolliert werden kann.

**1.** Die Souffléförmchen mit flüssiger Butter ausstreichen. Zuerst mit Biskuitbröseln, dann mit Zucker ausstreuen. Überschüssige Brösel- und Zuckerreste wieder herausschütten.

**2.** Für 6 Portionen 20 Zentiliter Milch und eine der Länge nach aufgeschnittene Vanillestange in einem Topf aufkochen. Die Vanillestange herausnehmen, das Mark herausschaben und in die Milch geben.

**3.** In einem zweiten Topf 40 Gramm Butter schmelzen lassen, mit 50 Gramm Mehl verrühren. Sofort die gut heiße Vanillemilch mit dem Schneebesen unterrühren. Aufkochen und kochen lassen, bis das Mehl die Flüssigkeit aufgenommen hat.

**4.** Die Masse in eine Schüssel umfüllen und etwas abkühlen lassen. Dann vorsichtig 5 Eigelbe mit dem Schneebesen unterrühren. So lange rühren, bis die Masse wieder glatt ist.

**5.** 5 Eiweiße in eine Schüssel geben. 80 Gramm Puderzucker auf einmal dazuschütten. Wenn man die ganze Zuckermenge auf einmal dazugibt, wird das Volumen des Eischnees später zwar nicht so groß; dafür ist der Schnee aber standfester und feinporiger.

**6.** Eiweiße und Puderzucker mit dem Schneebesen aufschlagen. Der Eischnee hat die richtige Beschaffenheit, wenn er schon steif, aber noch cremig ist. Nimmt man ihn mit dem Schneebesen auf, sinkt er weich und langsam nach unten.

**7.** Den Eischnee vorsichtig unter die Grundmasse ziehen. Dabei einen Teil – etwa ein Viertel – mit dem Schneebesen unterrühren, damit die Eigelb-Vanille-Masse geschmeidig wird. Den Rest des Eischnees vorsichtig mit einem Holzlöffel unterheben.

**8.** Die Soufflémasse in die vorbereiteten Förmchen füllen. Dabei darauf achten, daß die maximale Füllhöhe etwa 1 Zentimeter unter dem Rand liegt. Die Soufflés in eine mit siedendem Wasser gefüllte Kasserolle setzen. Das Wasser sollte bis zur Hälfte der Förmchen reichen.

**9.** Die Soufflés im auf 200–220° C vorgeheizten Backofen ca. 30–40 Minuten bei wenig Oberhitze garen (mittlere Schiene). Es gibt auch Soufflés, die nicht im Wasserbad gegart, sondern gebacken werden: die Förmchen auf ein Backblech setzen und in den Ofen schieben (mittlere Schiene).

**10.** Für die klassische Form des Servierens die gebackenen Soufflés mit Puderzucker bestäuben, in der Form auf einen Teller setzen und dekorativ mit einer Serviette umgeben. Sofort auftragen. (Zubereitungszeit: ca. 1¼ Std.; ca. 215 kcal/900 kJ)

# Parfait-Zubereitung

Eigelb, Sahne, eine Aromazutat – mehr ist nicht erforderlich, um die feinste Eisköstlichkeit – das Parfait – zuzubereiten.
Aufgrund des hohen Sahneanteils kann es ohne Eismaschine oder Sorbetière hergestellt werden. Füllen Sie die Parfaitmasse also auch ruhig einmal in dekorative Formen und Förmchen, die an sich schon eine Wirkung haben und keine Dekorationselemente benötigen.
Das Parfait löst sich übrigens leicht aus diesen Gefäßen, wenn Sie kurz ein in heißes Wasser getauchtes, gut ausgewrungenes Handtuch darumlegen. In der klassischen Kastenform gefrostetes Parfait sollten Sie zumindest mit Früchten und/oder Fruchtmark garnieren.
Bedenken Sie auch, daß sich jedes Aroma durch Tiefkühlung abschwächt; die Grundmasse also stets intensiv mit den Aromazutaten abschmecken!
Lassen Sie das Parfait auch nicht allzulange, d.h. nicht länger als 1–2 Tage, im Tiefkühlfach, da es dann an Aroma verliert. Vor dem Gebrauch stellen Sie es am besten 1/2 Stunde lang in den normalen Kühlschrank. Ihre Gäste werden es Ihnen danken, da es besser schmeckt (das Aroma wird intensiver) und leichter zu essen ist (es wird weicher).

**1.** Eine Kastenform mit kaltem Wasser ausspülen und großzügig mit Frischhaltefolie auslegen, so daß an den Rändern ein breiter Streifen übersteht. Die Folie sorgfältig glattstreichen.

**2.** Für 6 Portionen 7 Eigelbe mit 10 Zentilitern Vanilleläuterzucker (Rezept S. 8) in eine Schüssel geben. Ein feuchtes Tuch darunterlegen, damit sie beim Rühren fest steht. Mit einem Schneebesen die Eigelbe und den Läuterzucker verrühren.

**3.** Die Schüssel in einen Topf mit heißem Wasser hängen oder stellen. Eigelbe und Läuterzucker ca. 10 Minuten lang mit dem Schneebesen schlagen, bis die Masse cremig ist („bis zur Rose abziehen", siehe auch S. 9 und 48).

**4.** Wer möchte, kann 1–2 Blatt Gelatine in kaltem Wasser einweichen, ausdrücken und in etwas heißem Wasser auflösen. Die Gelatine dann unter die Eigelbmasse rühren. So wird auf alle Fälle verhindert, daß sie sich absetzt.

**5.** Die Schüssel herausnehmen und in Eiswasser setzen. Die Parfaitmasse so lange weiterschlagen, bis sie völlig erkaltet ist.

**6.** ½ Liter süße Sahne in eine vorgekühlte Schüssel geben und mit dem Handrührgerät auf Stufe 2 mit kreisender Bewegung leicht anschlagen.

**7.** Mit dem Schneebesen fertigschlagen, damit die Festigkeit besser kontrolliert werden kann und Reste von flüssiger Sahne am Rand mitgeschlagen werden.
Die Sahne ist fertig, wenn sie halbfest ist, d. h. beim Herausheben mit dem Schneebesen weich nach unten sinkt.

**8.** Die geschlagene Sahne mit einem Holzkochlöffel vorsichtig unter die Vanillemasse ziehen, damit sie nicht an Volumen verliert.

**9.** Die Parfaitmasse bis 1 Zentimeter unter den Rand in die mit Frischhaltefolie ausgelegte Kastenform füllen. Glattstreichen und mit der überhängenden Folie bedecken. Im Tiefkühlfach 2–3 Stunden frosten.

**10.** Das Parfait stürzen oder an den wieder gelösten Folienrändern aus der Form ziehen. In Scheiben schneiden. Dabei das Messer immer wieder in heißes Wasser tauchen. So erhalten Sie stets glatte, saubere Schnittkanten. (Zubereitungszeit: ca. 1¼ Std. ohne Gefrierzeit; ca. 370 kcal/1540 kJ)

# TELLER-DEKORATIONEN

**1. Garnitur:** Drei Halbkreise aus Schokoladen-Rum-Sauce (Rezept S. 32) im Abstand von 1 Zentimeter auf einen Teller geben. Dazwischen Vanillesauce (Rezept S. 9) gießen.

**2. Garnitur:** Auf einem Teller im Abstand von 1 Zentimeter drei Halbkreise aus Himbeermark (Rezept S. 8) formen. Dazwischen Birnensauce (Rezept S. 9) gießen.

**3. Garnitur:** Eine nicht zu große Menge Pfefferminzgelee (Rezept S. 36) auf einen Teller geben.

Mit einem Messer wechselweise von außen nach innen und von innen nach außen Linien ziehen. Serviervorschlag (siehe S. 30/31 und 32): In Scheiben geschnittenes Orangenparfait daranlegen. Mit Orangenfilets, Sahne und Pfefferminzblättern garnieren.

Mit einem Messer im Abstand von 2 Zentimetern vom Tellerrand zur Tellermitte hin Linien ziehen. Serviervorschlag (siehe S. 34/35): Zimtparfait daranlegen. Mit Sahne, Pfefferminzblättern und Puderzucker garnieren.

Nun aus Mangofruchtfleisch einen Fächer schneiden, zwei Erdbeeren über Kreuz einkerben. Serviervorschlag (siehe S. 36/37): Pralineneis in Nocken auf den Teller geben. Mit Pfefferminzblättern und Sahne garnieren.

**4. Garnitur:** Blockschokolade in eine Metallschüssel geben und im heißen Wasserbad auflösen. In einen kleinen Spritzbeutel füllen. Auf einen Teller sorgfältig Blattkonturen aufspritzen (Spritztülle Nr. 00).

**5. Garnitur:** Einen Teller mit Kaffeesauce (Rezept S. 56) ausgießen. 1 Zentimeter vom Rand entfernt einen Kreis aus halbfest geschlagener Sahne darauflegen.

**6. Garnitur:** Einen Teller mit Vanillesauce (Rezept S. 9) ausgießen, am Rand entlang Punkte von Himbeermark (Rezept S. 8) geben. Mit einem Messer durch die Mitte der Punkte am Tellerrand entlang einen Kreis ziehen. Serviervorschlag (siehe S. 60/61): Himbeerschaum auf den Teller stürzen, mit Himbeeren garnieren.

Die Blattkonturen mit verschiedenen Fruchtmarksorten (hier Birnen-, Kiwi- und Himbeermark; Rezept S. 8) ausfüllen. Serviervorschlag (siehe S. 48/49): Vanillecreme darangeben, mit Zitronenmelisse garnieren.

Aus dem Sahnekreis mit einem Messer wechselweise nach oben und nach unten Bögen ziehen. Serviervorschlag (siehe S. 56/57): Auf die Mitte des Tellers in Scheiben geschnittene Schokoladenterrine anordnen, mit Pfefferminzblättern garnieren.

Mögliche Variante: Schokoladensauce mit Punkten aus Vanillesauce (Rezept S. 9). Mit einem Messer wiederum am Tellerrand entlang durch die Punkte einen Kreis ziehen. Serviervorschlag (siehe S. 50/51): Joghurtcreme stürzen, mit Sahne und Zitronenmelisse garnieren.

# Die duftende Versuchung — Soufflé, Auflauf, Mehlspeise

Auch wer normalerweise kein Freund süßer Nachspeisen ist, wird vom zarten Geschmack eines duftig-leichten Soufflés entzückt sein, wird sich nur allzugern verführen lassen vom betörenden Aroma pfannenheißer Crêpes, von herzhaft-warmen Strudelkreationen aus Österreichs berühmter Mehlspeisenküche.

*(Schokoladensoufflé, Rezept S. 18)*

## Schokoladen-soufflé

***Für 6 Portionen***

*Zubereitungszeit: ca. 50 Min.*
*ca. 255 kcal/1065 kJ*

*zerlassene Butter*
*Biskuitbrösel*
*Zucker*
*1/8 l Milch*
*140 g geriebene Schokolade*
*30 g Mehl*
*4 Eigelb*
*4 Eiweiß*
*70 g Puderzucker*

**1.** Sechs Soufflléförmchen ausbuttern (siehe S. 10/11), mit Biskuitbröseln und Zukker ausstreuen.
**2.** Die Milch aufkochen, die Schokolade mit dem Mehl vermischen und in die Milch geben. Mit einem Holzlöffel ständig rühren und erneut aufkochen lassen.
**3.** Dann vom Feuer nehmen, dabei weiterrühren, nach und nach die Eigelbe unterziehen.
**4.** Die Eiweiße mit dem Puderzucker langsam steif schlagen, jedoch nicht so steif, daß es flockt. Das geschlagene Eiweiß vorsichtig unter die Eigelbmasse heben, in die Förmchen füllen.
**5.** Die Förmchen in eine mit siedendem Wasser gefüllte Kasserolle (siehe S. 10/11) setzen. Im auf 200–220°C vorgeheizten Backofen 20 bis 25 Minuten garen.
*(auf dem Foto S. 16/17)*

## Maronensoufflé mit Kaffeelikör-zabaione

***Für 6 Portionen***

*Zubereitungszeit: ca. 1 1/4 Std. (ohne Einweichzeit und ohne Zabaionezubereitung)*
*ca. 180 kcal/750 kJ (ohne Zabaione)*

*zerlassene Butter*
*Biskuitbrösel*
*Zucker*
*40 g getrocknete, geschälte Maronen*
*Salz*
*Zucker*
*20 g Butter*
*10 g Zucker*
*4 cl Weinbrand*
*6 Eigelb*
*6 Eiweiß*
*60 g Puderzucker*
*1 Rezept Kaffeelikörzabaione (S. 59)*
*Puderzucker zum Garnieren*

**1.** Sechs Soufflléförmchen ausbuttern (siehe S. 10/11), mit Biskuitbröseln und Zukker ausstreuen.
**2.** Die Maronen mindestens 3 Stunden in Wasser einweichen, dann mit einem spitzen Messer eventuell vorhandene Spelzen entfernen. Anschließend die Maronen in einen Topf geben, mit Wasser bedecken, wenig Salz und Zucker dazugeben und in ca. 15–20 Minuten weich kochen. Abgießen und gut abtropfen lassen.
**3.** Die Butter erhitzen, den Zucker dazugeben und kristallisieren lassen. Die Maronen hineingeben, gut durchschwenken, den Weinbrand angießen und abbrennen. Die Maronen durch ein Sieb streichen. Nach und nach die Eigelbe dazugeben und verrühren.
**4.** Die Eiweiße mit dem Puderzucker langsam steif schlagen, jedoch nicht so steif, daß es flockt. Vorsichtig und langsam unter die Maronenmasse heben.
**5.** In die Förmchen füllen und im auf 220°C vorgeheizten Backofen 8–12 Minuten bei wenig Oberhitze langsam backen.
**6.** Kaffeelikörzabaione dekorativ auf sechs Tellern anordnen, die Soufflés stürzen und in die Mitte der Teller setzen. Mit Puderzucker bestäuben und servieren.
*(auf dem Foto rechts)*

### Feinschmecker-Tip

Sollten Sie keine getrockneten, geschälten Maronen bekommen, so nehmen Sie welche aus dem Glas. Sie benötigen dann 100 Gramm und beginnen die Zubereitung gleich mit dem dritten Schritt, d. h. mit dem Erhitzen der Butter.

# Soufflé mit Grand Marnier

***Für 6 Portionen***
*Zubereitungszeit: ca. 50 Min.*
*ca. 320 kcal/1335 kJ*

*zerlassene Butter*
*Biskuitbrösel*
*Zucker*
*80 g Butter*
*100 g Puderzucker*
*4 Eigelb*
*80 g Biskuitbrösel*
*geriebene Schale einer unbehandelten Orange*
*30 g Mehl*
*30 g Stärkemehl*
*6–8 cl Grand Marnier*
*4 Eiweiß*
*Puderzucker zum Garnieren*

**1.** Sechs Souffléförmchen ausbuttern (siehe S. 10/11), mit Biskuitbröseln und Zukker ausstreuen.
**2.** Die Butter mit 40 Gramm Puderzucker schaumig rühren, die Eigelbe unterrühren. Biskuitbrösel, Orangenschale, Mehl, Stärkemehl und Grand Marnier unter die Masse heben.
**3.** Die Eiweiße mit dem restlichen Puderzucker steif schlagen, ohne daß es flockt. Unter die Eigelbmasse heben, in die Förmchen füllen und im auf 200–220° C vorgeheizten Backofen ca. 15 bis 20 Minuten backen.
**4.** Die Soufflés mit Puderzucker bestäuben und in der Form jeweils in die Mitte eines Tellers setzen. Eine Serviette darumlegen.
*(auf dem Foto: oben)*

# QUARKSOUFFLÉ

**Für 6 Portionen**

*Zubereitungszeit: ca. 55 Min.*
*ca. 190 kcal/795 kJ*

*zerlassene Butter*
*Biskuitbrösel*
*Zucker*
*180 g Quark*
*3 Eigelb*
*80 g Puderzucker*
*40 g gemahlene Haselnüsse*
*geriebene Schale einer*
*unbehandelten Zitrone*
*3 Eiweiß*
*Puderzucker zum Garnieren*

**1.** Sechs Souffléförmchen ausbuttern (siehe S. 10/11), mit Biskuitbröseln und Zukker ausstreuen.

**2.** Den Quark in einem Tuch ausdrücken. Die Eigelbe mit 30 Gramm Puderzucker schaumig rühren. Den Quark, die Nüsse und die Zitronenschale langsam dazugeben und unterrühren.

**3.** Eiweiße und restlichen Puderzucker zu Schnee schlagen; das Eiweiß darf nicht flockig werden. Unter die Quarkmasse heben, in die Förmchen füllen. Die Förmchen in eine mit siedendem Wasser gefüllte Kasserolle (siehe Seite 10/11) setzen. Im auf 200–220° C vorgeheizten Backofen 15–20 Minuten garen.

**4.** Die Soufflés auf flache Teller stürzen, mit Puderzucker bestäuben. Wer möchte, kann sie mit Quittenkompott (Rezept S. 25) umlegen.
*(auf dem Foto: unten)*

# Apfelsoufflé

***Für 6 Portionen***
*Zubereitungszeit: ca. 1 1/4 Std.*
*ca. 170 kcal/710 kJ*

| |
|---|
| *zerlassene Butter* |
| *Biskuitbrösel* |
| *Zucker* |
| *250 g Äpfel, geschält* |
| *1/8 l Läuterzucker (S. 8)* |
| *Saft einer halben Zitrone* |
| *3 Eigelb* |
| *70 g Puderzucker* |
| *30 g frischer, geriebener* |
| *Ingwer* |
| *gemahlener Zimt* |
| *3 Eiweiß* |
| *Puderzucker zum Garnieren* |

**1.** Sechs Souffléförmchen ausbuttern (siehe S. 10/11), mit Biskuitbröseln und mit Zucker ausstreuen.
**2.** Die Äpfel vierteln und das Gehäuse entfernen. Mit dem Läuterzucker und dem Zitronensaft aufkochen, bis die Flüssigkeit verdampft ist. Im Mixer fein pürieren. Die Eigelbe mit 20 Gramm Puderzucker schaumig rühren. Apfelpüree, Ingwer und Zimt vorsichtig unterheben.
**3.** Eiweiße mit restlichem Puderzucker steif schlagen, ohne daß es flockt. Vorsichtig unter die Eigelbmasse heben, in die Förmchen füllen. Im auf 200–220°C vorgeheizten Backofen ca. 25–30 Minuten backen.
**4.** Mit Puderzucker bestäuben und sofort servieren. Nicht stürzen!
*(auf dem Foto oben)*

# Kaffeeauflauf mit Erdbeermark

***Für 6 Portionen***
*Zubereitungszeit: ca. 1 1/2 Std.*
*ca. 425 kcal/1774 kJ*

| |
|---|
| *zerlassene Butter* |
| *Biskuitbrösel* |
| *Zucker* |
| *70 g Butter* |
| *60 g Puderzucker* |
| *20 g Kaffeepulver* |
| *2 Eigelb* |
| *4 cl Kaffeelikör* |
| *6 Eiweiß* |
| *6 zerbröselte Löffelbiskuit* |
| *1 Rezept Erdbeermark (S. 8)* |
| *2 cl Grand Marnier* |
| *1/4 l süße Sahne, geschlagen* |
| *16 Erdbeeren* |
| *Pfefferminzblätter* |

**1.** Sechs Souffléförmchen ausbuttern (siehe S. 10/11), mit Biskuitbröseln und Zukker ausstreuen.
**2.** Die Butter mit 40 Gramm Puderzucker und dem Kaffeepulver schaumig rühren. Die Eigelbe nach und nach dazugeben, mit dem Kaffeelikör aromatisieren.
**3.** Die Eiweiße mit dem restlichen Puderzucker steif schlagen und mit den Biskuitbröseln unter die Kaffeemasse heben. In Förmchen füllen. Diese in eine mit siedendem Wasser gefüllte Kasserolle (siehe S. 10/11) setzen und im auf 190 bis 220°C vorgeheizten Backofen 25–35 Minuten bei wenig Oberhitze garen. Das Erdbeermark mit Grand Marnier aromatisieren.
**4.** Die Sahne im Abstand von 1 Zentimeter in Halbkreisen auf einen gekühlten Teller spritzen; dazwischen das Erdbeermark geben. Beliebig mit dem Messer durchziehen.
**5.** Den Auflauf stürzen und dekorativ auf dem Teller plazieren. Mit den über Kreuz eingeschnittenen Erdbeeren und den Pfefferminzblättern garnieren. Wer möchte, kann zusätzlich noch jeweils zwei Scheiben Nußparfait (Rezept S. 36) dekorativ auf dem Teller anrichten.
*(auf dem Foto unten)*

### Feinschmecker-Tip

Sollte der Auflauf von oben zu schnell bräunen, empfiehlt es sich, ihn mit Alufolie abzudecken.

# Reisauflauf mit Quittenkompott

***Für 6 Portionen***
*Zubereitungszeit: ca. 2 1/2 Std.*
*ca. 635 kcal/2605 kJ*

***Für das Kompott:***
*3/8 l Läuterzucker (S. 8)*
*80 g Akazienhonig*
*1/4 l Weißwein*
*2 Gewürznelken*
*3 große Quitten*
*2 Blatt Gelatine*
*Saft einer Zitrone*

***Für den Auflauf:***
*zerlassene Butter*
*Biskuitbrösel*
*Zucker*
*1/2 l Milch*
*1 Prise Salz*
*120 g Reis*
*120 g Puderzucker*
*5 Eigelb*
*geriebene Schale einer unbehandelten Zitrone*
*70 g Butter*
*5 Eiweiß*

***außerdem:***
*Puderzucker zum Garnieren*

**1.** Den Läuterzucker, den Akazienhonig, den Weißwein und die Nelken aufkochen. Etwa 6–8 Minuten einkochen lassen, die Nelken herausnehmen. Die Quitten schälen, vierteln und das Kerngehäuse entfernen. Jedes Viertel in dünne Spalten schneiden, im Zuckersirup garen.

**2.** Die Gelatine in wenig kaltem Wasser einweichen und ausdrücken, wenn die Quitten gar sind. Dem Quittenkompott beigeben, sehr sorgfältig durchrühren, mit dem Zitronensaft abschmekken, in eine Schüssel füllen, kalt stellen.

**3.** Sechs Souffléförmchen ausbuttern (siehe S. 10/11), mit Biskuitbröseln und Zukker ausstreuen.

**4.** Die Milch mit dem Salz aufkochen, den Reis dazugeben, nochmals aufkochen und bei reduzierter Hitze ca. 20 Minuten garen.

**5.** 50 Gramm Puderzucker und die Eigelbe schaumig rühren, die Zitronenschale und die in Flöckchen zerteilte Butter auf den noch warmen Reis geben, die Eigelbmasse vorsichtig mit dem Holzlöffel einrühren, kalt stellen.

**6.** Die Eiweiße zu Schnee schlagen, nach und nach den restlichen Puderzucker beigeben, den Eischnee vorsichtig unter die kalte Reismasse heben. In die Förmchen füllen, diese in eine Kasserolle mit siedendem Wasser (siehe S. 10/11) setzen und im auf 180–200°C vorgeheizten Backofen 30 bis 40 Minuten bei wenig Oberhitze garen.

**7.** Den Auflauf in tiefe Teller stürzen, das Quittenkompott rundum verteilen, mit Puderzucker bestäuben und sofort servieren.

# Auflauf von Walnüssen und Mohn

***Für 6 Portionen***
*Zubereitungszeit: ca. 1 1/4 Std.*
*ca. 490 kcal/2055 kJ*

*zerlassene Butter*
*Biskuitbrösel*
*Zucker*
*70 g Butter*
*80 g Puderzucker*
*6 Eigelb*
*100 g gemahlener Mohn*
*60 g gemahlene Walnüsse, geröstet*
*6 cl Rum*
*40 g Biskuitbrösel*
*6 Eiweiß*
*1 Rezept Himbeermark (S. 8)*
*Puderzucker zum Garnieren*

**1.** Sechs Souffléförmchen ausbuttern (siehe S. 10/11), mit Biskuitbröseln und mit Zucker ausstreuen.
**2.** Butter und 60 Gramm Puderzucker schaumig rühren, die Eigelbe, dann Mohn, Walnüsse, Rum und Biskuitbrösel unterziehen.
**3.** Eiweiße und restlichen Puderzucker zu festem Schnee schlagen. Unter die Eigelbmasse heben. In die Förmchen füllen, in eine Kasserolle mit siedendem Wasser (siehe Seite 10/11) setzen und im auf 220–250° C vorgeheizten Backofen 20 bis 30 Minuten bei geringer Oberhitze garen.
**4.** Die Aufläufe auf Teller stürzen, mit Himbeermark und Puderzucker garnieren.
*(auf dem Foto rechts: oben)*

# Süsser Krautstrudel

***Für 6 Portionen***
*Zubereitungszeit: ca. 2 1/4 Std.*
*(ohne Marinierzeit)*
*ca. 305 kcal/1265 kJ*

***Für die Füllung:***
*10 g Vanillezucker*
*2 cl Tresterbranntwein (Marc, Grappa)*
*50 g Rosinen*
*600 g Weißkohlblätter (ohne Strunk)*
*Salz*
*40 g Butter*

***Für den Teig:***
*100 g Mehl*
*1 Eigelb*
*20 g Butter*
*1 EL Essig*
*etwas lauwarmes Wasser*
*1 EL Öl*

***außerdem:***
*Mehl*
*40 g gemahlene Walnüsse*
*60 g Sauerrahm*
*zerlassene Butter*
*1 Eigelb*
*Puderzucker zum Garnieren*

**1.** Den Vanillezucker und den Tresterbranntwein in eine Schüssel geben und verrühren. Die Rosinen 3 Stunden darin marinieren. Die Kohlblätter in feine Streifen schneiden, ganz leicht salzen. 15 Minuten ziehen lassen, dann gut ausdrükken. Die Butter erhitzen und den Kohl 5–10 Minuten darin dünsten. Die Rosinen dazugeben und mit dem Kohl mischen. In ein Sieb geben, erkalten lassen.
**2.** Das Mehl auf einen Tisch sieben, in die Mitte eine Vertiefung drücken, alle anderen Zutaten dazugeben, mit der Hand vermischen. Den Teig kneten, bis er glatt ist. Zu einer Kugel formen. Eine Schüssel mit Mehl ausstreuen, den Teig hineinlegen, mit Öl bestreichen und mit Frischhaltefolie luftdicht abschließen, damit er nicht austrocknet. 1/2 Stunde ruhen lassen.
**3.** Ein Küchentuch auf den Tisch legen, mit Mehl bestäuben. Den Teig zuerst darauf ausrollen, dann mit den Händen hauchdünn ausziehen. Den Teig mit den Walnüssen bestreuen, den Kohl in einem 10 Zentimeter breiten Streifen über die gesamte Breite des Teigrechtecks verteilen. Darüber den Sauerrahm streichen. Mit Hilfe des Tuches wird der Teig eingerollt. Die Enden geradeschneiden und gut andrücken.
**4.** Ein Kuchenblech mit der zerlassenen Butter bestreichen, den Strudel darauflegen, mit Eigelb bestreichen und im auf 150–180° C vorgeheizten Backofen ca. 20 Minuten backen. Den Strudel in Stücke schneiden, auf vorgewärmte Teller legen, mit Puderzucker bestreuen.
*(auf dem Foto rechts: unten)*

# Aprikosenknödel

***Für 6 Portionen***

*Zubereitungszeit: ca. 2 1/4 Std.*

*ca. 445 kcal/1860 kJ*

***Für die Knödel:***

*600 g Kartoffeln, gewaschen*
*40 g Mehl*
*5 Eigelb*
*Salz*
*Muskat*
*20 g Butter, in Flöckchen*
*18 Rohrzuckerwürfel*
*4 cl Rum oder Weinbrand*
*18 Aprikosen*

***Für die Brösel:***

*30 g Butter*
*20 g Zucker*
*40 g Biskuitbrösel*

***außerdem:***

*1 Rezept Fruchtmark (S. 8)*

**1.** Die Kartoffeln in Alufolie wickeln, im auf 220–260°C vorgeheizten Backofen ca. 30–40 Minuten garen. Das Innere herausnehmen, gut mit Mehl, Eigelben, Gewürzen und Butter vermischen.

**2.** Den Zucker mit Rum (Weinbrand) beträufeln. Die Aprikosen häuten, anschneiden, entkernen; je 1 Stück Zucker einlegen. Je 1 Aprikose in Kartoffelteig einrollen. In siedendem Salzwasser ca. 10–15 Minuten gar ziehen lassen.

**3.** Zucker, Butter, Brösel anrösten, erkalten lassen. Die Knödel darin wälzen, mit Fruchtmark servieren.

*(auf dem Foto oben)*

# Crêpes mit Weinschaum und Walderdbeeren

***Für 6 Portionen***

*Zubereitungszeit: ca. 1 1/4 Std.*

*ca. 350 kcal/1465 kJ*

***Für den Teig:***

*40 g Mehl*
*20 g Stärkemehl*
*1 Vanillestange*
*4 Eier*
*1 Prise Salz*
*1 Prise Zucker*
*3/16 l süße Sahne*
*20 g Butter*
*Butter oder Öl für die Pfanne*

***Für den Weinschaum:***

*80 g Zucker*
*5 Eigelb*
*Saft einer Zitrone*
*20 cl Weißwein*

***außerdem:***

*200 g Walderdbeeren*
*Puderzucker zum Garnieren*

**1.** Mehl und Stärkemehl in eine Schüssel geben, in die Mitte eine Vertiefung machen. Die Vanillestange der Länge nach aufschneiden, das Mark mit dem Messer ausstreichen, zum Mehl geben. Eier, Salz und Zucker in die Vertiefung geben, die Sahne angießen, alles zusammen mit einem Schneebesen glattrühren. Die Butter in einer Pfanne bräunen, lauwarm zum Teig geben und gut verrühren.

**2.** Zum Backen der Crêpes jeweils sehr wenig Butter (Öl) in einer schweren Eisen- oder Stahlpfanne erhitzen. Dann gerade so viel Teig hineingeben, daß der Boden dünn bedeckt wird. Eventuell überschüssigen Teig wieder in die Schüssel zurückgießen. Die Crêpes auf der einen Seite backen, dann wenden. Das Backen geht sehr schnell, also Vorsicht, daß nichts anbrennt!

**3.** Die Crêpes jeweils sofort nach dem Fertigbacken im auf 100°C vorgeheizten Backofen auf einen großen Teller legen, der mit einem zweiten abgedeckt wird. So bleiben sie warm und trocknen nicht aus.

**4.** Für den Weinschaum Zucker, Eigelbe und Zitronensaft in einer Schüssel gut verrühren, den Weißwein dazugeben. Unter Rühren über einem heißen Wasserbad mit dem Schneebesen aufschlagen, bis die Masse steif geworden ist.

**5.** Die Walderdbeeren gegebenenfalls waschen, allerdings nur, wenn es unbedingt notwendig ist, da sie dabei an Aroma verlieren.

**6.** Die Crêpes auf sechs vorgewärmten Tellern anordnen, mit dem noch warmen Weinschaum umgießen, mit den Erdbeeren garnieren und nach Belieben mit Puderzucker bestreuen.

*(auf dem Foto unten)*

# Das eisige Vergnügen — Parfait, Eis, Sorbet, Granité

Weder Küchenreform noch Kalorienangst vermochten die Leidenschaft fürs Gefrorene abzukühlen, im Gegenteil: Parfaits und Sorbets haben Karriere gemacht und Zuwachs bekommen, wurden verjüngt und veredelt. Und weil beim Anrichten der dekorativen Köstlichkeiten der Phantasie keine Grenzen gesetzt sind, wird aus dem Gaumen- stets auch ein Augenschmaus.

*(Orangenparfait mit Schokoladen-Rum-Sauce, Rezept S. 32)*

# Orangenparfait mit Schokoladen-Rum-Sauce

***Für 6 Portionen***
*Zubereitungszeit: ca. 1 Std.*
*(ohne Gefrierzeit)*
*ca. 940 kcal/3925 kJ*

***Für das Parfait:***
*6 Eigelb*
*2 Eier*
*200 g Zucker*
*Saft und geriebene Schale von*
*2 unbehandelten Orangen*
*Saft einer Zitrone*
*2 cl Cointreau*
*4 cl Grand Marnier*
*1/8 l süße Sahne, geschlagen*
*1/8 l Crème Double*

***Für die Schokoladen-Rum-Sauce:***
*1/8 l Läuterzucker (S. 8)*
*30 g Kakao*
*1/2 l Milch*
*120 g Blockschokolade*
*4 cl Rum*
*40 g Butter*

***außerdem:***
*1 Rezept Vanillesauce (S. 9)*
*12 Orangenfilets*
*1/8 l süße Sahne, geschlagen*
*Pfefferminzblätter*

**1.** Für das Parfait die ersten vier Zutaten in eine Schüssel geben und im heißen Wasserbad aufschlagen. Die Schüssel dann in eine mit Eiswürfeln gefüllte größere Schüssel setzen und die Masse bis zum völligen Erkalten weiterschlagen. Die restlichen Zutaten mit Ausnahme von Sahne und Crème Double unterheben. Zum Schluß die Sahne und die Crème Double vorsichtig unterziehen. Eine Kastenform mit Frischhaltefolie auslegen (siehe S. 12/13), die Masse einfüllen. 4–6 Stunden im Tiefkühlfach frosten.

**2.** Den Läuterzucker mit dem Kakao und der Milch aufkochen. Die zerkleinerte Blockschokolade dazugeben und unter ständigem Rühren nochmals aufkochen, dann den Rum dazugießen. Die Sauce vom Feuer nehmen und die Butter einrühren. Die Sauce nicht mehr kochen lassen, kalt stellen.

**3.** Das Parfait aus der Form nehmen und in Scheiben schneiden. Zum Anrichten die erste der auf Seite 14/15 angegebenen Garnituren verwenden. Mit Orangenfilets, Sahne und Pfefferminzblättern dekorieren.
*(auf dem Foto S. 30/31)*

### Feinschmecker-Tip

Crème Double ist eine ungesäuerte Sahne mit 42–45 Prozent Fett, die im Fachhandel erhältlich ist.

# Lebkuchenparfait mit Pernod

***Für 6 Portionen***
*Zubereitungszeit: ca. 1 Std.*
*(ohne Gefrierzeit)*
*ca. 420 kcal/1760 kJ*

*100 g Zucker*
*10 g Zimt*
*30 g Marzipan*
*3 Eigelb*
*2 Eier*
*Saft und geriebene Schale*
*einer unbehandelten Orange*
*40 g Lebkuchen, gewürfelt*
*40 g Lebkuchen, gerieben*
*6 cl Pernod*
*1/2 l süße Sahne, geschlagen*

**1.** Zucker, Zimt, Marzipan, Eigelbe, Eier und Orangensaft in eine Schüssel geben und im heißen Wasserbad aufschlagen. Die Schüssel anschließend in eine mit Eis gefüllte größere Schüssel stellen und die Masse bis zum völligen Erkalten weiterschlagen. Die restlichen Zutaten (1/8 Liter geschlagene Sahne beiseite stellen) vorsichtig unterziehen.

**2.** Eine Kastenform mit Folie auslegen (siehe S. 12/13). Die Parfaitmasse einfüllen und 2–3 Stunden ins Tiefkühlfach stellen.

**3.** Das gefrorene Eisparfait aus der Kastenform nehmen, in Scheiben schneiden und auf vorgekühlte Teller geben. Mit der beiseite gestellten Schlagsahne garnieren.
*(auf dem Foto rechts)*

# Mokkaparfait mit Orangenlikör

**Für 6 Portionen**

*Zubereitungszeit: ca. 1 1/4 Std. (ohne Gefrierzeit)*

*ca. 565 kcal/2355 kJ*

- *6 Eigelb*
- *2 Eier*
- *200 g Zucker*
- *40 g Kaffeepulver*
- *1/4 l Wasser*
- *6 Löffelbiskuit*
- *4 cl Kaffeelikör*
- *4 cl Cointreau*
- *geriebene Schale einer unbehandelten Orange*
- *1/2 l Crème Double, geschlagen*

**1.** Eigelbe, Eier und Zucker in einer Schüssel verrühren. Aus Kaffeepulver und Wasser einen Filterkaffee herstellen, langsam unter die Eiermasse rühren, im heißen Wasserbad aufschlagen. Die Schüssel in Eis setzen und die Eiermasse weiterschlagen, bis sie erkaltet ist.

**2.** Eine Kastenform mit Frischhaltefolie auslegen (siehe S. 12/13). Die Biskuits mit einem Teil des Kaffee- und des Orangenlikörs beträufeln. Den restlichen Likör, die Orangenschale und die Crème Double unter die Eiermasse heben.

**3.** Die Hälfte der Parfaitmasse in die Kastenform geben, 1/2 Stunde frosten. Die Biskuits auf das Parfait legen, mit dem Rest der Masse auffüllen. 2–3 Stunden frosten.

*(auf dem Foto: unten)*

# ZIMTPARFAIT

***Für 6 Portionen***

*Zubereitungszeit: ca. 1 1/4 Std.*
*(ohne Gefrierzeit)*
*ca. 750 kcal/3135 kJ*

*5 Eigelb*
*2 Eier*
*200 g Zucker*
*30 g Zimt*
*4 cl Rum*
*1/4 l süße Sahne, geschlagen*
*1/4 l Crème Double, geschlagen*
*1 Rezept Birnensauce (S. 9)*
*1 Rezept Himbeermark (S. 8)*
*1/8 l süße Sahne, geschlagen*
*Pfefferminzblätter*
*Puderzucker zum Garnieren*

**1.** Die ersten vier Zutaten in eine Schüssel geben und im heißen Wasserbad aufschlagen. Die Schüssel in Eis setzen und die Eiermasse bis zum völligen Erkalten weiterschlagen. Den Rum unterrühren, zum Schluß die Sahne und die Crème Double vorsichtig unterziehen.
**2.** Eine Kastenform mit Frischhaltefolie auslegen (siehe S. 12/13), die Parfaitmasse sorgfältig einfüllen und 4–6 Stunden im Tiefkühlfach frosten.
**3.** Das Parfait aus der Form nehmen und in Scheiben schneiden. Zum Anrichten die zweite Garnitur von Seite 14/15 verwenden. Mit Sahne, Pfefferminzblättern und gegebenenfalls etwas Puderzucker garnieren.
*(auf dem Foto: oben)*

# Nussparfait

**Für 6 Portionen**
*Zubereitungszeit: ca. 1 1/4 Std.*
*(ohne Gefrierzeit)*
*ca. 520 kcal/2670 kJ*

*80 g Zucker*
*20 g Honig*
*30 g Rohmarzipan*
*3 Eigelb*
*2 Eier*
*80 g gemahlene Haselnüsse, geröstet*
*4 cl Kirschwasser*
*3/8 l süße Sahne, geschlagen*
*1 Rezept Fruchtmark (S. 8)*

**1.** Zucker, Honig, Rohmarzipan, Eigelbe und Eier in eine Schüssel geben und im heißen Wasserbad aufschlagen. Die Schüssel in eine mit Eis gefüllte größere Schüssel setzen und die Eiermasse bis zum völligen Erkalten weiterschlagen. Die Haselnüsse und das Kirschwasser unterziehen. Zum Schluß die Sahne unterheben.
**2.** Eine Kastenform mit Frischhaltefolie auslegen (siehe S. 12/13), die Parfaitmasse einfüllen. Im Tiefkühlfach 4–6 Stunden frosten.
**3.** An der Folie aus der Kastenform nehmen und in Scheiben schneiden. Mit Fruchtmark servieren.
*(auf dem Foto oben)*

# Pralineneis mit Pfefferminzgelee und Mangofächer

**Für 6 Portionen**
*Zubereitungszeit: ca. 1 1/2 Std.*
*(ohne Gefrierzeit)*
*ca. 630 kcal/2635 kJ*

***Für das Eis:***
*1/4 l Milch*
*1/4 l süße Sahne*
*20 g Kakao*
*60 g Blockschokolade*
*40 g Nougat*
*70 g Kuvertüre*
*5 Eigelb*
*20 g Zucker*
*geriebene Schale einer unbehandelten Orange*
*2 cl Apricot Brandy*
*2 cl Cointreau*

***Für das Gelee:***
*2 Blatt Gelatine*
*4 cl Pfefferminzlikör*
*8 Stiele Pfefferminz*
*1/4 l Läuterzucker (S. 8)*
*1/4 l Weißwein*
*Saft von 2 Zitronen*

***außerdem:***
*500 g Mango*
*12 große Erdbeeren*
*6 EL süße Sahne, geschlagen*

**1.** Die ersten sechs Zutaten in einen Topf geben und unter ständigem Rühren aufkochen. Die Eigelbe in einer Schüssel mit dem Zucker verrühren. Die Schokoladenmasse mit einem Schneebesen vorsichtig unter die Eigelbmasse rühren, danach alles durch ein Haarsieb geben, damit eventuell vorhandene Schokoladenklümpchen entfernt werden. Die Eismasse mit der Orangenschale und dem Alkohol abschmecken. Erkalten lassen und in der Eismaschine oder in der Sorbetière frosten.
**2.** Für das Gelee die Gelatine in kaltem Wasser einweichen, ausdrücken und im erwärmten Likör auflösen. Die Pfefferminzblätter von den Stielen zupfen (12 Stück für die Garnitur beiseite legen) und kleinschneiden, in einen Topf geben. Den Läuterzukker und den Wein angießen und um ein Drittel einkochen. Die Gelatine-Likör-Mischung einrühren, das Ganze mit Zitronensaft abschmecken, erkalten lassen.
**3.** Die Mangofrüchte schälen und das Fleisch vom Kern lösen. Pralineneis, Mango und Erdbeeren so anordnen, wie bei der dritten der auf Seite 14/15 gezeigten Garnituren angegeben. Zusätzlich mit Pfefferminzblättern und Sahne verzieren.
*(auf dem Foto unten)*

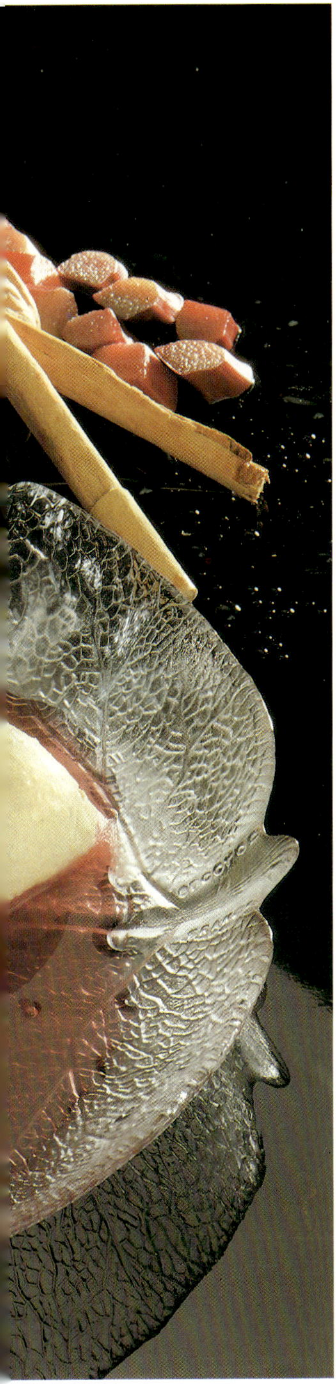

# Walnusseis mit Rhabarber

***Für 6 Portionen***

*Zubereitungszeit: ca. 2 1/4 Std. (ohne Gefrierzeit)*

*ca. 600 kcal/2515 kJ*

***Für das Eis:***

*1/8 l Milch*
*1/8 l süße Sahne*
*2 Eigelb*
*2 Eier*
*70 g Honig*
*70 g Zucker*
*2 cl Amaretto*
*80 g Walnüsse, grob gehackt*
*20 g Zucker*

***Für den Rhabarber:***

*500 g Rhabarber*
*200 g Zucker*
*1/4 l Rotwein*
*1/8 l Portwein*
*1 Stange Zimt*
*Saft einer Zitrone*
*1 Rezept Preiselbeer- oder Himbeermark (S. 8)*

**1.** Milch und Sahne in einem Topf aufkochen. Eigelbe, ganze Eier, Honig und Zucker in einem zweiten Topf cremig, aber nicht schaumig rühren. Die aufgekochte Milch und Sahne vorsichtig unter die Eiermasse rühren; nochmals kurz aufs Feuer stellen und aufschlagen. Auf keinen Fall darf die Masse kochen! Amaretto unterrühren, alles durch ein Sieb geben und erkalten lassen. Die Walnüsse in eine Stielpfanne geben und anrösten. Vom Feuer nehmen, den Zucker dazugeben und gut durchschwenken, bis alles abgekühlt ist.

**2.** Die erkaltete Amarettomasse dann in der Eismaschine oder in der Sorbetière frosten; die gerösteten Nüsse erst dazugeben, wenn das Eis eine halbfeste Konsistenz hat. Dann fertigfrosten.

**3.** Den gewaschenen Rhabarber (am besten eignet sich der rote Freilandrhabarber) schälen, in ca. 4 Zentimeter lange Stücke schneiden, mit 60 Gramm Zucker bestreuen und mindestens 1/2 Stunde ziehen lassen. Den restlichen Zucker und die übrigen Zutaten in einen Topf geben und um drei Viertel einkochen. Den Rhabarber mit dem Saft dazugeben, einmal aufkochen, wenn notwendig nochmals mit Zucker abschmecken. Auskühlen lassen.

**4.** Auf vorgekühlten Tellern jeweils drei Nocken Walnußeis geben und mit dem Kompott bedecken.

### Feinschmecker-Tip

Das Walnußeis in vorgekühlte Suppenteller geben, mit dem Rhabarberkompott bedecken und mit Vanillecreme (Rezept S. 48) im auf 250° C vorgeheizten Backofen bei Oberhitze kurz überbacken.

# Vanilleeis mit weissem Pfirsich

**_Für 6 Portionen_**
*Zubereitungszeit: ca. 1 1/2 Std. (ohne Gefrierzeit und ohne Quarkcremezubereitung)*
*ca. 520 kcal/2180 kJ (ohne Quarkcreme)*

**_Für das Eis:_**
*1 Vanillestange*
*1/4 l süße Sahne*
*4 Eigelb*
*150 g Zucker*

**_Für die Pfirsiche:_**
*6 weiße Pfirsiche*
*3/8 l Läuterzucker (S. 8)*
*1/8 l Weißwein*
*2 cl Vanillelikör*
*Saft einer Zitrone*

**_außerdem:_**
*1 Rezept Quarkcreme (S. 51)*

**1.** Die Vanillestange der Länge nach durchschneiden, mit der Sahne in einem Topf aufkochen. Eigelbe und Zucker in einem zweiten Topf cremig, aber nicht schaumig rühren. Die aufgekochte Sahne vorsichtig unter die Eiermasse rühren, nochmals kurz erhitzen und aufschlagen. Auf keinen Fall darf die Masse kochen! Die Vanillestange ausstreichen, das Mark in die Eiersahne geben. Alles durch ein Sieb gießen, erkalten lassen. In der Eismaschine oder in der Sorbetière frosten.

**2.** Die Pfirsiche mit kochendem Wasser überbrühen, die Haut abziehen; dann die Kerne entfernen. Läuterzucker, Weißwein, Vanillelikör und Zitronensaft mit den Pfirsichkernen aufkochen. Die Pfirsichhälften dazugeben und nach Geschmack pochieren. Sie sollten aber nicht zu weich werden. Die Pfirsiche im Sud erkalten lassen.

**3.** Vom Vanilleeis Kugeln abstechen, auf vorgekühlte Porzellanmuscheln anordnen. Je eine Pfirsichhälfte auf eine Eiskugel legen, mit der Quarkcreme bedecken und im auf 250°C vorgeheizten Backofen bei Oberhitze kurz überbacken.

*(auf dem Foto rechts: unten)*

### Feinschmecker-Tip

Sollte keine Eismaschine oder Sorbetière vorhanden sein, kann man statt Vanilleeis auch Vanilleparfait (Rezept S. 12/13) verwenden. Zum Servieren nach dem Überkrusten noch mit Puderzucker überstäuben oder mit Fruchtmark (Rezept S. 8) übergießen.

# Heidelbeereis mit Crème fraîche

**_Für 6 Portionen_**
*Zubereitungszeit: ca. 20 Min. (ohne Gefrierzeit)*
*ca. 435 kcal/1820 kJ*

*600 g Heidelbeeren*
*15 cl Vanilleläuterzucker (S. 8)*
*4 cl Rum*
*Saft einer Zitrone*
*1/2 l Crème fraîche*
*Pfefferminzblätter*
*Puderzucker zum Garnieren*

**1.** Die Heidelbeeren waschen, eine Handvoll zum Garnieren beiseite legen. Den Vanilleläuterzucker mit den restlichen Heidelbeeren aufkochen, alles durch ein Sieb passieren. Die Rückstände im Sieb nicht weiterverwenden, das Fruchtmark mit Rum und Zitronensaft abschmecken, auf Eiswasser kalt rühren. In der Eismaschine oder in der Sorbetière frosten.

**2.** Mit einem Löffel Nocken vom Eis abstechen und auf vorgekühlte Teller legen. Die Crème fraîche mit dem Schneebesen durchschlagen und auf das Eis geben. Mit einigen Heidelbeeren und Pfefferminzblättern garnieren.

*(auf dem Foto rechts: oben)*

# HOLUNDERSORBET

***Für 6 Portionen***
*Zubereitungszeit: ca. 1 1/2 Std.*
*(ohne Gefrierzeit)*
*ca. 240 kcal / 1005 kJ*

*300 g Holunderbeeren*
*50 g Zucker*
*3/8 l Läuterzucker (S. 8)*
*1/8 l Weißwein*
*4 Gewürznelken*
*Saft einer Zitrone*
*2 cl Holunderschnaps*

**1.** Die Holunderbeeren abzupfen, in einen Topf geben, mit dem Zucker vermischen und 1 Stunde ziehen lassen. Läuterzucker, Weißwein und Nelken in einen zweiten Topf geben, aufkochen und über die Holunderbeeren seihen.
**2.** Erhitzen, 6–8 Minuten kochen lassen, dann alles zusammen im Mixer sehr fein pürieren. Mit dem Zitronensaft und dem Holunderschnaps abschmecken, erkalten lassen. In der Eismaschine oder in der Sorbetière frosten.
**3.** Mit einem Löffel Nocken abdrehen und in vorgekühlten Muscheln anordnen.
*(auf dem Foto: links)*

## FEINSCHMECKER-TIP

Die Holunderbeeren sollten gut gereift sein, da das Aroma sonst zu schwach ist. Sie sollten rasch gewaschen werden und nicht zu lange im Wasser bleiben.

# Apfelsorbet

**Für 6 Portionen**
*Zubereitungszeit: ca. 45 Min.*
*(ohne Gefrierzeit)*
*ca. 225 kcal/930 kJ*

| |
|---|
| *3/8 l Läuterzucker (S. 8)* |
| *1/8 l Champagner* |
| *300 g Äpfel (Boskop)* |
| *Saft einer Zitrone* |
| *4 cl Calvados* |
| *einige Pfefferminzblätter* |
| *einige Himbeeren oder Walderdbeeren* |

**1.** Den Läuterzucker und den Champagner in einen Topf geben, aufkochen. Die Äpfel schälen, vierteln, die Kerngehäuse entfernen. Die Apfelstücke und den Zitronensaft zu dem Läuterzucker geben, 2–3 Minuten aufkochen, dann im Mixer zerkleinern. Mit einem Holzlöffel durch ein feines Sieb passieren, den Calvados dazugeben. Die Masse erkalten lassen, anschließend in der Eismaschine oder in der Sorbetière frosten.

**2.** Das Sorbet mit einem Spritzbeutel (Sterntülle) in vorgekühlte Sektschalen anrichten, mit Pfefferminzblättern und Himbeeren oder Walderdbeeren garnieren.
*(auf dem Foto: rechts)*

# Pflaumensorbet

***Für 6 Portionen***
*Zubereitungszeit: ca. 45 Min. (ohne Einweich- und Gefrierzeit)*
*ca. 220 kcal/920 kJ*

*100 g getrocknete Pflaumen*
*250 g frische Pflaumen*
*1/4 l Läuterzucker (S. 8)*
*1/8 l frischer Orangensaft*
*1/8 l Weißwein*
*3 Gewürznelken*
*1 Zimtstange*
*4 cl Armagnac*
*Saft einer Zitrone*

**1.** Die getrockneten Pflaumen 1–3 Stunden in lauwarmem Wasser einweichen, dann beide Pflaumensorten entsteinen.
**2.** Läuterzucker, Orangensaft, Weißwein, Nelken und Zimtstange in einen Topf geben und erhitzen. Etwa 3–5 Minuten kochen lassen, dann durch ein Sieb gießen, zurück in den Topf geben und mit den Pflaumen zusammen erhitzen. 3 Minuten kochen lassen.
**3.** Alles zusammen im Mixer fein pürieren, durch ein Sieb streichen, mit dem Armagnac und dem Zitronensaft abschmecken, erkalten lassen. In der Eismaschine oder in der Sorbetière frosten.
*(auf dem Foto oben)*

# Granité von Weinbergpfirsichen

***Für 6 Portionen***
*Zubereitungszeit: ca. 1 1/4 Std. (ohne Gefrierzeit)*
*ca. 230 kcal/955 kJ*

*300 g Pfirsiche*
*30 cl Weißwein*
*Saft einer Zitrone*
*20 cl Läuterzucker (S. 8)*
*1 Vanillestange*
*1 Rezept Himbeermark (S. 8)*
*2 cl Himbeerlikör*
*12 Himbeeren*
*Limettenblätter*

**1.** Die Pfirsiche überbrühen und die Haut entfernen. Dann die Früchte halbieren, die Steine aber nicht entfernen. Weißwein, Zitronensaft, Läuterzucker und Vanillestange in einen Topf geben, die Pfirsichhälften darin pochieren.
**2.** Dann die Vanillestange herausnehmen, die Pfirsiche entsteinen, das Fruchtfleisch mit dem Sud durch ein Haarsieb streichen.
**3.** Die Masse in ein möglichst flaches Gefäß geben und in den Tiefkühlschrank stellen. Mehrmals gut durchrühren; je öfter gerührt wird, desto feinkörniger wird das Granité.
**4.** Das Himbeermark zubereiten und mit dem Likör vermischen. Das Granité in vorgekühlte Gefäße geben, mit dem Himbeermark, den Himbeeren und den Limettenblättern garnieren.
*(auf dem Foto unten: links)*

# Kirschgranité

***Für 6 Portionen***
*Zubereitungszeit: ca. 1 Std. (ohne Gefrierzeit)*
*ca. 290 kcal/1215 kJ*

*300 g Sauerkirschen*
*30 cl Rotwein*
*20 cl Läuterzucker (S. 8)*
*1 Zimtstange*
*Saft einer Orange*
*2 cl Kirschwasser*
*1/4 l süße Sahne*
*Zimtpulver*

**1.** Die Kirschen entsteinen. Die Kerne mit dem Rotwein, dem Läuterzucker, der Zimtstange und dem Orangensaft aufkochen, dann abseihen. Die Kirschen in die Flüssigkeit geben, erhitzen und 3–5 Minuten kochen. Alles zusammen im Mixer pürieren, durch ein Haarsieb streichen, mit dem Kirschwasser aromatisieren, alles gut durchrühren. In den Tiefkühlschrank stellen und des öfteren durchrühren, bis sich Eiskristalle bilden.
**2.** Das Granité mit einem Löffel in vorgekühlten Gefäßen anrichten, mit der halb geschlagenen Sahne und Zimtpulver garnieren.
*(auf dem Foto unten: rechts)*

**Feinschmecker-Tip**

Granité hat den Vorteil, daß man keine Eismaschine oder Sorbetière braucht, sondern nur ein Tiefkühlfach.

# Die luftige Überraschung — Creme, Schaum, Mousse

Die zarten Cremes und Schaumkreationen gehören zum Standardrepertoire der feinen Küche und sind oft einfacher herzustellen, als es den Anschein hat. Außerdem sind diese luftigen Desserts immer für eine Überraschung gut, denn sie munden in vielen raffinierten Kombinationen, sogar mit Frischkäse.

*(Orangen-Schokoladen-Creme mit Erdbeermark, Rezept S. 48)*

# Orangen-Schokoladen-Creme mit Erdbeermark

**Für 6 Portionen**
*Zubereitungszeit: ca. 1 1/4 Std. (ohne Kühlzeit und ohne Garnitur)*
*ca. 470 kcal/1955 kJ (ohne Garnitur)*

- *5 Eigelb*
- *150 g Zucker*
- *1/8 l Weißwein*
- *1/4 l frischer Orangensaft*
- *5 Blatt Gelatine*
- *4 cl Orangenlikör*
- *3/8 l süße Sahne, geschlagen*
- *60 g Kuvertüre*
- *1 Rezept Erdbeermark (S. 8) oder 1 Rezept Kaffeelikörzabaione (S. 59)*
- *Schokoladenspäne*

**1.** Die Eigelbe mit dem Zucker in einen Topf geben und kurz durchrühren. Den Weißwein und den Orangensaft in einem zweiten Topf erhitzen, abseihen und vorsichtig unter die Eiermasse rühren. Unter ständigem Rühren erhitzen und bis zur Rose abziehen.
**2.** Die Gelatine in wenig kaltem Wasser einweichen, ausdrücken; den Likör erhitzen, die Gelatine darin auflösen und unter die Eigelbmasse rühren.
**3.** Den Topf dann in eine Schüssel mit Eiswasser setzen und die Creme kalt rühren. Die Sahne unter die noch flüssige Masse heben. Sechs Förmchen oder eine Schüssel mit kaltem Wasser ausschwenken und abtropfen lassen. Die Hälfte der Creme einfüllen.
**4.** Die Kuvertüre in eine Schüssel geben, im heißen Wasserbad auflösen. Die abgekühlte, aber noch flüssige Kuvertüre unter die zweite Hälfte der Creme rühren. Mit einem Spritzbeutel (Sterntülle) die Schokoladencreme in die halbfeste Orangencreme drücken. Im Kühlschrank 2–3 Stunden kalt stellen.
**5.** Die Creme vorsichtig auf die Teller stürzen und mit Schokoladenspänen garnieren. Teller mit Erdbeermark oder der Kaffeelikörzabaione ausgießen.
*(auf dem Foto S. 46/47)*

### Feinschmecker-Tip

„Die Creme bis zur Rose abziehen" heißt in der Fachsprache, daß sie genügend erhitzt ist (kurz vor dem Siedepunkt!) und auf dem Holzlöffel eingedickt liegenbleibt oder daß sich Kringel („Rose") bilden, wenn man daraufbläst. Hygienischer ist auf alle Fälle die erste Probe.

# Vanillecreme

**Für 6 Portionen**
*Zubereitungszeit: ca. 2 Std.*
*ca. 360 kcal/1495 kJ*

- *1 Vanillestange*
- *1/8 l Milch*
- *80 g Puderzucker*
- *2 Eigelb*
- *4 Eiweiß*
- *40 g Blockschokolade*
- *je 1 Rezept Birnen-, Kiwi- und Himbeermark (S. 8)*
- *Zitronenmelisse*

**1.** Die Vanillestange der Länge nach aufschneiden, mit der Milch in einen Topf geben und aufkochen. 30 Gramm Puderzucker in einer Schüssel mit den Eigelben verrühren, das Mark der Vanillestange in die Milch streichen. Milch abseihen, unter die Eigelbmasse rühren.
**2.** Im heißen Wasserbad aufschlagen, bis die Masse steif ist. Die Schüssel in eine größere mit Eiswasser setzen und die Masse bis zum Erkalten weiterschlagen.
**3.** Die Eiweiße aufschlagen, den restlichen Puderzucker dazugeben und alles zu einem leichten Schnee schlagen. Die Eiweißmasse vorsichtig unter die Vanillecreme heben.
**4.** Aus Blockschokolade, Fruchtmark und Melisse die vierte der auf Seite 14/15 angegebenen Garnituren arbeiten. Die Vanillecreme in Nocken darangeben, mit Melisse garnieren.
*(auf dem Foto rechts)*

# Joghurtcreme mit Aprikosen

***Für 6 Portionen***
*Zubereitungszeit: ca. 1 1/2 Std.*
*(ohne Kühlzeit)*
*ca. 740 kcal/3085 kJ*

*450 g Joghurt natur*
*60 g Puderzucker*
*2 EL Aprikosenmarmelade*
*4 Blatt Gelatine*
*2 cl Apricot Brandy*
*3/8 l süße Sahne*
*Saft und geriebene Schale einer halben unbehandelten Zitrone*
*1 Rezept Vanillesauce (S. 9)*
*1 Rezept Schokoladensauce (S. 9)*
*Zitronenmelisse*

**1.** Joghurt, Zucker und Aprikosenmarmelade vermischen, durch ein Sieb passieren. Die Gelatine in etwas kaltem Wasser einweichen. Apricot Brandy erhitzen, Gelatine darin auflösen, unter die Joghurtmasse geben.
**2.** Die Sahne schlagen, einige Eßlöffel zum Garnieren zurücklassen, den Rest mit dem Zitronensaft und der geriebenen Schale unter die Joghurtmasse heben. In Förmchen füllen und 2–3 Stunden kalt stellen.
**3.** Vorgekühlte Teller mit Vanille- und Schokoladensauce garnieren, wie bei der sechsten Garnitur auf Seite 14/15 beschrieben. Die Creme auf den Teller stürzen. Mit der restlichen Sahne und Melisse garnieren.
*(auf dem Foto: unten)*

# QUARKCREME

**Für 6 Portionen**
*Zubereitungszeit: ca. 45 Min.*
*(ohne Kühlzeit)*
*ca. 200 kcal/845 kJ*

*3 Eigelb*
*60 g Zucker*
*250 g Quark*
*geriebene Schale einer unbehandelten Orange*
*3 Eiweiß*
*80 g Puderzucker*
*Früchte nach Wahl*
*Puderzucker zum Garnieren*

**1.** Die Eigelbe und den Zucker in eine Schüssel geben und im heißen Wasserbad unter Rühren erhitzen. Anschließend kalt rühren. Den Quark in einem Tuch ausdrücken, damit er gut trocken ist. Den Quark und die Orangenschale zu der Eigelbmasse geben und nochmals gut rühren, bis die Masse schaumig-cremig ist.
**2.** Mindestens 1/2 Stunde ins Kühlfach stellen. Die Eiweiße langsam aufschlagen, nach und nach den Puderzucker dazugeben und alles zu einem leichten Schnee schlagen, der unter die Quarkmasse gehoben wird.
**3.** Die Quarkcreme in tiefe Teller geben (mit dem Spritzbeutel – Sterntülle – aufspritzen oder mit einem Löffel Nocken abstechen). Im auf 250°C vorgeheizten Backofen bei Oberhitze kurz überkrusten, mit Früchten und Puderzucker garnieren.
*(auf dem Foto: oben)*

# Pflaumen-Quark-Creme

***Für 6 Portionen***
*Zubereitungszeit: ca. 1 Std.*
*(ohne Einweichzeit)*
*ca. 345 kcal/1450 kJ*

| |
|---|
| *175 g getrocknete Pflaumen* |
| *4 cl Portwein* |
| *1/16 l frischer Orangensaft* |
| *1/16 l Milch* |
| *3 Blatt Gelatine* |
| *100 g Quark* |
| *2 Eigelb* |
| *1 TL geriebene Schale einer* |
| *unbehandelten Orange* |
| *4 Eiweiß* |
| *60 g Puderzucker* |
| *1/4 l süße Sahne* |
| *4 cl Cognac* |

**1.** Pflaumen in Portwein und Orangensaft 2–3 Stunden einweichen, entsteinen und im Mixer pürieren. Das Püree mit der Milch aufkochen. Die eingeweichte Gelatine ausdrücken, unter das Püree geben und sorgfältig durchrühren. Erkalten lassen.
**2.** Den Quark durch ein Sieb passieren, mit den Eigelben schaumig rühren. Mit der Orangenschale unter das Püree geben.
**3.** Die Eiweiße mit dem Zucker in einen Topf geben, über dem heißen Wasserbad aufschlagen. Dann kalt schlagen, bis die Masse steif ist. Sahne, Cognac und Eiweiße unter den Pflaumenquark heben. In Förmchen füllen, kalt stellen.
*(auf dem Foto oben)*

# Frischkäsecreme mit Zitrone und Heidelbeeren

***Für 6 Portionen***
*Zubereitungszeit: ca. 40 Min.*
*(ohne Kühlzeit)*
*ca. 345 kcal/1435 kJ*

***Für die Creme:***

| |
|---|
| *250 g Frischkäse* |
| *2 Eigelb* |
| *70 g Puderzucker* |
| *Saft einer Zitrone* |
| *20 g Vanillezucker* |
| *1/16 l süße Sahne, geschlagen* |

***Für die Heidelbeeren:***

| |
|---|
| *1/8 l Läuterzucker (S. 8)* |
| *2 cl Rum* |
| *300 g Heidelbeeren* |

**1.** Frischkäse, Eigelbe, Puderzucker, Zitronensaft und Vanillezucker in eine Schüssel geben und schaumig rühren. Die geschlagene Sahne unterziehen.
**2.** Den Läuterzucker aufkochen, den Rum und die Heidelbeeren dazugeben, kurz aufkochen lassen, anschließend kalt stellen.
**3.** Die Käsecreme in einen Spritzbeutel mit Sterntülle geben, Ringe oder Rosetten auf einen Porzellan- oder Glasteller spritzen und mit den Heidelbeeren umgießen.
*(auf dem Foto unten: rechts)*

# Ziegenfrischkäsecreme mit Erdbeermark

***Für 6 Portionen***
*Zubereitungszeit: ca. 1 Std.*
*ca. 320 kcal/1335 kJ*

| |
|---|
| *300 g Ziegenfrischkäse* |
| *30 g Sauerrahm* |
| *100 g geriebener Apfel* |
| *etwas Zitronensaft* |
| *2 cl Calvados* |
| *Salz* |
| *1 Rezept Erdbeermark (S. 8)* |
| *10 g grüner Pfeffer* |
| *einige Erdbeeren* |

**1.** Den Ziegenkäse durch ein Sieb passieren und mit dem Sauerrahm schaumig rühren. Den geriebenen Apfel mit dem Zitronensaft und dem Calvados verrühren, unter die Käsecreme geben. Ganz leicht salzen.
**2.** Das Erdbeermark zubereiten, in einer Schüssel mit den Pfefferkörnern mischen.
**3.** Das Erdbeermark auf vorgekühlte Teller geben, mit einem Löffel Nocken von der Käsecreme abstechen, beliebig auf dem Erdbeermark anordnen. Mit Erdbeeren garnieren.
*(auf dem Foto unten: links)*

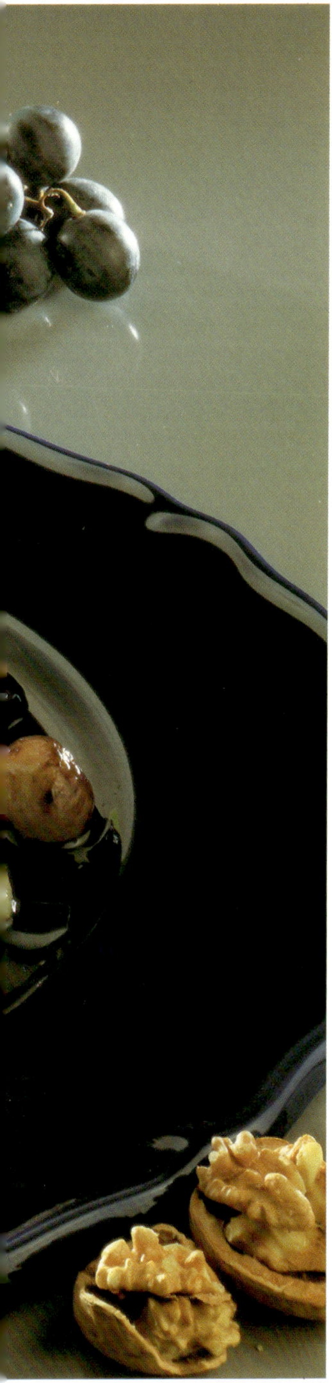

# Stiltoncreme mit Walnüssen und Fruchtsalat

***Für 6 Portionen***
*Zubereitungszeit: ca. 1 1/4 Std.*
*(ohne Ruhezeit)*
*ca. 400 kcal/1665 kJ*

***Für die Creme:***
*200 g Stilton*
*100 g Butter*
*2 cl Birnengeist*

***Für den Fruchtsalat:***
*36 große Weintrauben*
*200 g Birnen*
*2 Kiwi*
*1/16 l Läuterzucker (S. 8)*
*Saft einer halben Zitrone*
*20 g Honig*
*2 cl Birnengeist*

***außerdem:***
*18 halbe Walnußkerne*

**1.** Den Stilton mit der Butter durch ein Sieb passieren, den Birnengeist dazugeben, alles zusammen schaumig rühren.

**2.** Die Weintrauben schälen, mit einem spitzen Messer die Kerne herausziehen. Die Birnen schälen, vierteln, das Kerngehäuse herausnehmen, in 24 Spalten schneiden. Die Kiwis schälen und in 12 Scheiben schneiden. Läuterzucker, Zitronensaft, Honig und Birnengeist in eine Schüssel geben und gut verrühren. Das Obst auf einer Platte anordnen, mit dem Sirup übergießen. 1 Stunde ziehen lassen.

**3.** Das Obst auf flachen Tellern beliebig anordnen. Die Käsecreme in einen Spritzbeutel mit Sterntülle geben, in die Mitte des Tellers spritzen, mit den Walnußkernen garnieren.

## Feinschmecker-Tip

Der Stilton ist ein ausgesprochener Saisonkäse, der vorwiegend von November bis April erhältlich ist. Er eignet sich sowohl als Bestandteil von Desserts mit Birnen, Walnüssen und Weintrauben als auch für kleine Zwischenmahlzeiten. Beerenauslese, Sauternes, Portwein oder kräftige, volle Burgunder schmecken sehr gut dazu.

# Schokoladenterrine Schwarzweiss

***Für 6 Portionen***
*Zubereitungszeit: ca. 1¾ Std. (ohne Kühlzeit)*
*ca. 850 kcal/3555 kJ*

***Für die helle Masse:***
*125 g weiße Kuvertüre*
*2 Eiweiß*
*60 g Puderzucker*
*⅛ l Crème Double*
*einige Tropfen Bittermandelextrakt*

***Für die dunkle Masse:***
*125 g braune Kuvertüre*
*2 Eiweiß*
*60 g Puderzucker*
*⅛ l Crème Double*

***Für die Sauce:***
*½ l Milch*
*40 g Kaffeepulver*
*1 EL Kakaopulver*
*60 g Zucker*
*70 g Blockschokolade*
*2 Blatt Gelatine*
*2 cl Kaffeelikör*
*20 g Butter*
*1/16 l süße Sahne*
*2 Eigelb*

***außerdem:***
*⅛ l süße Sahne*
*Pfefferminzblätter*

**1.** Für die helle Masse die weiße Kuvertüre in eine Schüssel geben, im heißen Wasserbad schmelzen lassen. Die Eiweiße mit 40 Gramm, die Crème Double mit 20 Gramm Puderzucker getrennt aufschlagen, beides dann zusammenmischen. Die Kuvertüre aus dem Wasserbad nehmen und unter das Eiweiß-Sahne-Gemisch geben. Mit Bittermandelextrakt aromatisieren.

**2.** Für die dunkle Masse die angegebenen Zutaten genauso verarbeiten.

**3.** Eine Kastenform anfeuchten, mit Frischhaltefolie auslegen (siehe S. 12/13). Zuerst die weiße Masse diagonal einfüllen, dazu die Form seitlich kippen. So geneigt in den Kühlschrank stellen und die Masse abkühlen lassen, bis sie erstarrt ist. Dann die Form geradestellen, die braune Creme einfüllen und das Ganze für weitere 2–3 Stunden in den Kühlschrank stellen.

**4.** Für die Sauce die Milch mit dem Kaffeepulver aufkochen, durch einen Papierfilter geben und wieder zurück in den Topf füllen. Kakaopulver, Zucker und Blockschokolade dazugeben, unter ständigem Rühren nochmals aufkochen. Die Gelatine im Likör einweichen und sorgfältig unter die Schokoladenmasse rühren, die Butter dazugeben. Die Sahne mit den Eigelben verquirlen, die Sauce vom Feuer nehmen, die Eigelb-Sahne-Mischung unterziehen, kalt stellen. Die Sauce des öfteren durchrühren, damit sich keine Haut bildet.

**5.** Die Sahne halbfest aufschlagen. Als Dekoration die fünfte der auf Seite 14/15 gezeigten Garnituren verwenden. Die Terrine aus der Form nehmen, in Scheiben schneiden. Auf die Garnitur legen, mit Pfefferminzblättern garnieren.
*(auf dem Foto rechts)*

## Feinschmecker-Tip

Kuvertüre kauft man am besten beim Konditor (Konditorware). Beim Schneiden der Terrine empfiehlt es sich, das Messer nach jeder Scheibe in heißes Wasser zu tauchen. So bleiben keine Cremereste hängen und die Schnittfläche wird glatt.

# Blutorangen-Zabaione

***Für 6 Portionen***
*Zubereitungszeit: ca. 30 Min.*
*ca. 115 kcal/485 kJ*

*1/8 l Weißwein*
*Saft einer Zitrone*
*1/4 l Blutorangensaft*
*40 g Zucker*
*4 Eigelb*
*geriebene Schale einer unbehandelten Orange*
*2 cl Cointreau*

**1.** Weißwein, Zitronensaft, Blutorangensaft, Zucker und Eigelbe in eine Schüssel geben, über dem heißen Wasserbad aufschlagen, bis die Masse schaumig und fest ist. Mit der geriebenen Orangenschale und dem Cointreau abschmecken, nochmals aufschlagen.
**2.** In große Glaspokale füllen und warm servieren.
*(auf dem Foto: links)*

# KAFFEELIKÖR-ZABAIONE

***Für 6 Portionen***

*Zubereitungszeit: ca. 30 Min.*
*ca. 120 kcal/510 kJ*

*25 g Kaffeepulver (türkischer Mokka)*
*1/4 l kaltes Wasser*
*4 Eigelb*
*60 g Zucker*
*8 cl Kaffeelikör*
*Kaffeepulver zum Garnieren*

**1.** Das Kaffeepulver mit dem Wasser aufkochen, dreimal aufwallen lassen, dann mit 1 Eßlöffel kaltem Wasser abschrecken. Durch einen Papierfilter laufen lassen und abmessen. Sollte es mehr sein als 1/8 Liter, muß die Flüssigkeit eingekocht werden; ist es weniger, gibt man Wasser dazu.
**2.** Die Eigelbe in einer Schüssel mit dem Zucker verrühren, den heißen Kaffee vorsichtig unterrühren, über dem heißen Wasserbad aufschlagen, bis die Masse schaumig und fest ist. Mit dem Kaffeelikör abschmekken, nochmals aufschlagen.
**3.** In große Glaspokale füllen, mit dem Kaffeepulver bestreuen und noch warm servieren.
*(auf dem Foto: rechts)*

# Himbeerschaum

***Für 6 Portionen***
*Zubereitungszeit: ca. 1 1/2 Std.*
*(ohne Ruhezeit)*
*ca. 470 kcal/1965 kJ*

- *250 g Himbeeren*
- *180 g Puderzucker*
- *4 Blatt Gelatine*
- *2 cl Himbeergeist*
- *1/4 l süße Sahne, geschlagen*
- *4 Eiweiß*
- *1 Rezept Vanillesauce (S. 9)*
- *1 Rezept Himbeermark (S. 8)*
- *einige Himbeeren*

**1.** Himbeeren passieren und mit 80 Gramm Puderzucker verrühren. Gelatine in wenig kaltem Wasser einweichen. Den Himbeergeist erhitzen, die Gelatine ausdrükken und darin auflösen. Unter die Himbeeren geben.
**2.** Die Schüssel mit den Himbeeren in Eiswasser setzen; rühren, bis die Masse dickflüssig wird. Die Sahne unterheben. Eiweiße und restlichen Puderzucker nicht zu steif schlagen und unterziehen. In Förmchen füllen, 2–3 Stunden in den Kühlschrank stellen.
**3.** Vorgekühlte Teller mit Vanillesauce und Fruchtmark garnieren, wie bei der sechsten Garnitur auf Seite 14/15 beschrieben. Die Förmchen kurz in heißes Wasser tauchen, den Schaum auf die Teller stürzen, mit den ganzen Himbeeren verzieren.
*(auf dem Foto oben)*

# Mandelschaum mit Nougat

***Für 6 Portionen***
*Zubereitungszeit: ca. 1 1/4 Std.*
*(ohne Kühlzeit)*
*ca. 500 kcal/2085 kJ*

- *150 g Nougat*
- *60 g Blockschokolade*
- *5 Eigelb*
- *1/16 l Mandelmilchsirup*
- *4 cl Amaretto*
- *einige Tropfen Bittermandelöl*
- *1/4 l süße Sahne*
- *40 g Puderzucker*
- *5 Eiweiß*
- *3 EL geröstete Mandelblättchen*

**1.** Die Nougatmasse und die Blockschokolade in eine Schüssel geben und im heißen Wasserbad auflösen. Die Eigelbe mit dem Mandelmilchsirup in eine zweite Schüssel geben und über dem heißen Wasserbad warm aufschlagen, bis die Masse cremig ist. Mit dem Amaretto und dem Bittermandelöl aromatisieren und unter die Schokoladen-Nougat-Masse rühren, etwas abkühlen lassen.
**2.** Die Hälfte der Sahne aufschlagen. Den Zucker zu den Eiweißen geben und langsam zu einem feinporigen Schnee schlagen.
**3.** Die Sahne mit dem Schneebesen unter die noch warme Schokoladen-Nougat-Masse rühren, dann sofort den geschlagenen Eischnee mit dem Holzlöffel vorsichtig unterziehen. Damit der Eischnee nicht an Volumen verliert, sollte die Masse, nachdem die Sahne untergehoben ist, nicht zu stark abgekühlt sein. Gegebenenfalls muß sie vorher nochmals über dem Wasserbad erwärmt werden (die richtige Temperatur ist entscheidend für ein gutes Gelingen!).
**4.** Den Mandelschaum in Glasschälchen füllen, mit Frischhaltefolie abdecken, im Kühlschrank gut kalt werden lassen.
**5.** Die restliche Sahne schlagen und auf den Mandelschaum geben. Mit den Mandelblättchen garnieren.
*(auf dem Foto unten)*

### Feinschmecker-Tip

Mandelmilchsirup stellen Sie folgendermaßen her: 40 Gramm feingemahlene Mandeln mit 1/16 Liter Läuterzucker und 1/8 Liter Milch aufkochen. Anschließend die Flüssigkeit durch ein feines Tuch gießen, das Tuch anschließend gut ausdrücken.

AMARETTO
di

# WEISSE SCHOKOLADEN-MOUSSE

***Für 6 Portionen***
*Zubereitungszeit: ca. 1 1/4 Std.*
*(ohne Kühlzeit)*
*ca. 815 kcal/3400 kJ*

*1/4 l süße Sahne*
*300 g weiße Blockschokolade*
*60 g Butter in Flöckchen*
*4 Blatt Gelatine*
*3 Eigelb*
*2 cl Crème de Cacao*
*1/2 l süße Sahne, geschlagen*
*geriebene Schale und Fruchtspalten von 6 unbehandelten Mandarinen*
*2 cl Mandarinenlikör*
*Limettenblätter*
*Schokoladenspäne*

**1.** Die Sahne aufkochen. Die Blockschokolade grob zerkleinern. Den Topf mit der Sahne vom Feuer nehmen, die Blockschokolade hineingeben. Den Topf in ein heißes Wasserbad setzen und die Schokolade fertigschmelzen. Die nicht zu kalte Butter unterrühren. Die Gelatine in kaltem Wasser einweichen, ausdrücken, unter die heiße Schokoladenmasse rühren.
**2.** Die Eigelbe in einer Schüssel mit dem Kakaolikör verrühren. Die Schokoladenmasse unter die Eigelbe ziehen. Abkühlen lassen. Wenn die Schokoladenmasse kühl genüg ist, die geschlagene Sahne (etwas für die Garnitur übrig lassen) und die Mandarinenschale unterziehen. 2–3 Stunden kalt stellen.
**3.** Die Mandarinenspalten von der Haut befreien, das Fruchtfleisch mit dem Mandarinenlikör beträufeln.
**4.** Die Mandarinenfilets auf vorgekühlten Tellern anordnen. Einen Löffel in heißes Wasser tauchen und Nocken von der Mousse abstechen. Je nach Größe des Löffels 3–4 Nocken auf den Teller geben, mit dem Rest der geschlagenen Sahne, Limettenblättern und Schokoladenspänen garnieren.

# Rezeptverzeichnis



**Abkürzungen:**
cl = Zentiliter
EL = Eßlöffel
g = Gramm
l = Liter
Msp. = Messerspitze
P. = Päckchen
TL = Teelöffel

| **Elektrobackofen** | **Gasherd** |
|---|---|
| 150°C/160°C | Stufe 1 |
| 175°C/180°C | Stufe 2 |
| 200°C | Stufe 3 |
| 220°C/225°C | Stufe 4 |
| 240°C | Stufe 5 |
| 250°C | Stufe 6 |

Bei einem Heißluftherd sind niedrigere Wärmegrade als beim Elektrobackofen ausreichend; es sei dazu auf die Bedienungsanleitung des Gerätes verwiesen.

**Temperaturstufen:** Die Angaben in diesem Buch beziehen sich auf Elektrobacköfen.
**Kalorien-/Jouleangaben:** Alle Kalorien-/Jouleangaben in diesem Buch beziehen sich auf eine Portion des jeweiligen Desserts.


Die Deutsche Bibliothek – CIP-Einheitsaufnahme

**Desserts** / von Margarethe Bacher. –
Niedernhausen/Ts. :
Bassermann, 1997
(Mein Lieblingsgericht)
ISBN 3-8094-0321-0
NE: Bacher, Margarethe

ISBN 3 8094 0321 0





**Umschlaggestaltung:** Peter Udo Pinzer
**Titelbild und Fotos:** TLC-Foto-Studio GmbH, Velen-Ramsdorf


Die Ratschläge in diesem Buch sind von Autorin und Verlag sorgfältig erwogen und geprüft, dennoch kann eine Garantie nicht übernommen werden. Eine Haftung der Autorin bzw. des Verlags und seiner Beauftragten für Personen-, Sach- und Vermögensschäden ist ausgeschlossen.


**Gesamtkonzeption:** Bassermann'sche Verlagsbuchhandlung, D-65527 Niedernhausen/Ts.

817 2635 4453 6271